Studi Biblici

Ministero Internazionale UOMO DI PACE

I BENEFICI DELLA COSTANZA

Rev. F. Martin Kadì

Tutte le citazioni bibliche, salvo diversamente indicato, sono tratte da: *La Sacra Bibbia* – versione *Nuova Riveduta, (1994, edizione del 2006)*, o *La Sacra Bibbia* – versione *Nuova Diodati*, Revisione (1991).

ISBN: 979-8-8467-9054-4

Sommario

1. Introduzione

Questo studio ci aiuterà a comprendere i numerosi benefici che potremo ricevere dalla costanza, una virtù molto importante agli occhi del Signore che non a caso, elogia coloro che acquisiscono questa buona abitudine.

La parola "costanza" in greco è ὑπομονή [hupomoné] e vuol dire anche: "perseveranza" e "pazienza". L'esatta definizione di questo termine è la seguente: "tendenza a conservare invariate determinate caratteristiche fondamentali; stabilità, continuità". Mi piace particolarmente quest'ultima definizione di costanza perché indica chiaramente la continuità, vale a dire la persistenza che i credenti dovranno sviluppare per poter raggiungere degli obiettivi preposti senza mai arrendersi. Si tratta in definitiva di qualcosa che risiede già nell'intimo dell'uomo naturale e che dovrà dunque contraddistinguere ancor più il comportamento di tutti i figli di Dio.

Anche satana sarà costante nell'operare malvagiamente, seppur consapevole del suo destino di dannazione essendo destinato ad andare nell'abisso dove trascorrerà l'eternità. Satana non si arrenderà mai nel perseguire le sue vie malvagie, e cercherà costantemente di agire cercando di distruggere chiunque gli darà diritto nella sua vita. Nella consapevolezza di questo principio spirituale dovremo impegnarci per essere costanti con il Signore sapendo che la perseveranza sarà un'arma potente che ci permetterà di ottenere grandi vittorie. Il contrario della costanza è la pigrizia. Tristemente molte persone, anche credenti, sono estremamente costanti nel lavoro e in altre aree della propria vita ma altrettanto pigre nelle cose di Dio. Sarà invece fondamentale che imparino ad applicare la costanza a tutto ciò che concerne la spiritualità. Questo studio sarà un grande aiuto per tutti coloro che desidereranno vedere cambiamenti significativi nella propria vita, qualcosa che accadrà nella misura in cui metteranno diligentemente in pratica i principi spirituali che il Signore ci ha lasciato nella Sua Parola.

2. Come sviluppare costanza

Potremo sviluppare costanza nella nostra vita principalmente in quattro modi che analizzeremo in modo dettagliato, prendendo in considerazione alcuni passi che ci aiuteranno a sviluppare il desiderio di divenire credenti costanti.

a. Ricercandola

La Bibbia ci insegna che sarà necessario ricercare la costanza, un requisito fondamentale di ogni credente che desideri camminare con Cristo e correre con perseveranza la gara proposta (vedi Ebrei 12:1). Il cammino di fede sarà paragonabile a una maratona piuttosto che a una corsa veloce di cento metri, una gara individuale che avrà inizio quando un credente riceverà Cristo e terminerà il giorno in cui ritornerà dal Signore in cielo.

> **1 Timoteo 6:11** *Ma tu, uomo di Dio, fuggi queste cose, e ricerca la giustizia, la pietà, la fede, l'amore, la costanza e la mansuetudine.*

Le cose dalle quali dovremo fuggire sono quelle elencate nei versetti immediatamente precedenti di questo capitolo (vedi 1 Timoteo 6:3-10), mentre tra le cose che noi credenti dovremo ricercare troviamo "*la costanza*", qualcosa che potremo ricevere dal Signore semplicemente chiedendola a Dio "*che dona a tutti generosamente senza rinfacciare, e gli sarà data*" (Giacomo 1:5).

Ogni giorno dovremo dedicare tempo alla meditazione della Parola sapendo che in tal modo la nostra fede nel Signore crescerà, poiché sappiamo che "*la fede viene da ciò che si ascolta, e ciò che si ascolta viene dalla parola di Cristo*" (Romani 10:17). Dovremo anche pregare in modo costante sapendo che grazie alla preghiera, soprattutto quella nello spirito, potremo ricevere l'amore di Dio quando raggiungeremo la pienezza dello Spirito Santo. Infatti, poiché "*Dio è Spirito*" (Giovanni 4:24), essendo ripieni di Spirito Santo saremo ripieni di Dio "*perché Dio è amore*" (1 Giovanni 4:8). Grazie alla fede potremo sperimentare la giustizia di Dio che proviene dalla fede (vedi Romani 4:13), mentre per sviluppare pietà e la mansuetudine (alcune tra le principali espressioni del carattere di Gesù Cristo) dovremo avvicinarci a Gesù per seguirlo. Infatti, Gesù Cristo dichiarò:

> **Matteo 11:28-29** *Venite a me, voi tutti che siete travagliati e aggravati, ed io vi darò riposo. Prendete su di voi il mio giogo e imparate da me, perché io sono mansueto ed umile di cuore; e voi troverete riposo per le vostre anime.*

> **Salmi 105:4** *Cercate il SIGNORE e la sua forza, cercate sempre il suo volto!*

La costanza sarà espressione della disciplina che dovremo esercitare nelle cose di Dio sapendo che, applicandola in ogni area della nostra vita, potremo ottenere grandi risultati.

b. Fortificandosi nella Sua potenza

> **2 Cronache 27:6 (Nuova Riveduta)** *Così Iotam divenne potente, perché camminò con costanza davanti al SIGNORE, suo Dio.*

La Bibbia ci insegna chiaramente che quell'uomo, Iotam, divenne potente perché camminò con costanza davanti al Signore. Un'altra versione, quella della Nuova Diodati, aggiunge un interessante particolare:

> **2 Cronache 27:6 (Nuova Diodati)** *Così Jotham divenne potente, perché regolò il suo cammino davanti all'Eterno, il suo DIO.*

Personalmente preferisco la traduzione della versione Nuova Riveduta che sottolinea come Iotam divenne potente per aver camminato davanti a Dio con costanza. Questo ci fa comprendere chiaramente che il risultato della costanza nelle cose di Dio condurrà verso la potenza poiché Dio desidera che i suoi figli diventino potenti.

> **Colossesi 1:11** *Fortificati in ogni cosa dalla sua gloriosa potenza, per essere sempre pazienti e perseveranti.*

In questo caso la parola greca *hupomoné* è tradotta con il termine "perseveranti", ma sappiamo che vuol dire anche "essere costanti, pazienti". Di conseguenza, se desideriamo essere perseveranti, oltre a ricercare la costanza, dovremo essere "fortificati in ogni cosa dalla sua gloriosa potenza".

> **Atti 1:8** *Ma voi riceverete potenza dallo Spirito Santo, quando lo Spirito Santo verrà su di voi ...*

Potremo fortificarci anche grazie alla fede attraverso le promesse. In questo caso, il termine "potenza" corrisponde al greco δύναμις [dunamis] e indica la capacità di fortificarci nella presenza di Dio dove troveremo pace, riposo e forza. Fortificandoci nel Signore avremo dunque un obiettivo chiaro da raggiungere: imparare ad essere sempre perseveranti.

c. Nelle afflizioni

> **Romani 5:3-5** *Non solo, ma ci gloriamo anche nelle afflizioni, sapendo che l'afflizione produce pazienza, la pazienza, esperienza, e l'esperienza, speranza. Or la speranza non delude, perché l'amore di Dio è stato sparso nei nostri cuori mediante lo Spirito Santo che ci è stato dato.*

Il termine "pazienza" che ritroviamo in questo passo biblico è *hupomoné* e indica la costanza, la perseveranza grazie alla quale potremo gloriarci "nelle afflizioni sapendo che l'afflizione produce pazienza" vale a dire perseveranza. La pazienza produrrà esperienza e infine l'esperienza produrrà speranza, un termine che nella lingua originale è tradotto con ἐλπίς [elpis] e rappresenta la "gioiosa aspettativa" della fede che nasce dall'esperienza nella consapevolezza che avendo il Signore provveduto una volta ai nostri bisogni, lo farà ancora. L'esperienza proviene dalla costanza. Nella misura in cui avremo costanza, potremo acquisire maggiore esperienza e quest'ultima, a sua volta, produrrà la "gioiosa aspettativa" della fede. Dovremo essere consapevoli del fatto che potremo fare esperienza delle cose spirituali soltanto se avremo costanza, vale a dire pazienza, nella consapevolezza che la perseveranza sarà prodotta dall'afflizione che vivremo.

Se soltanto riuscissimo a comprendere che qualunque momento di afflizione dovremo attraversare nella nostra vita produrrebbe costanza e che grazie alla costanza il Signore potrà provvedere ad ogni nostro bisogno, potremmo affrontare e vivere qualunque avversità da vincitori, non come persone che subiranno le avversità cercando in qualche modo di superarle.

Infatti, le difficoltà e le prove della vita spiritualmente non saranno delle avversità, ma degli strumenti efficaci di cui Dio si servirà per farci raggiungere l'adempimento delle promesse così da ottenere ciò che desidereremo. Sarà fondamentale dunque avere costanza nelle afflizioni e, sapendo che produrranno costanza, potremo gloriarci in esse.

Non tutte le afflizioni saranno necessarie; il Signore permetterà che alcuni credenti attraversino delle prove perché permetteranno loro di conseguire un importante obiettivo: togliere il male dal cuore dell'uomo, come possiamo leggere:

> **Proverbi 20:30** *Le battiture che piagano guariscono il male; e così le percosse che vanno in fondo al cuore.*

A volte, dunque, sarà necessario che l'uomo attraversi momenti di tribolazione affinché Dio possa togliere "il male" dal suo cuore ostinato, sebbene sappiamo che Dio non affligge volontariamente nessuno:

> **Lamentazioni 3:33** *Poiché non è volentieri che egli umilia e affligge i figli dell'uomo.*

Potremo facilmente riconoscere le afflizioni "utili" di cui Dio si servirà per correggerci perché saranno brevi, a differenza di quelle che l'uomo si procurerà da solo che saranno la conseguenza delle sue azioni sbagliate e non saranno certamente nella volontà di Dio. Queste ultime afflizioni potranno durare molto a lungo pur essendo perfettamente inutili!

d. Nella prova della fede

Avendo compreso l'importanza della costanza che, come abbiamo visto, sarà il risultato della nostra personale ricerca del Signore grazie alla quale ci fortificheremo nella Sua potenza per mezzo delle afflizioni, potremo comprendere come trarre gloria dalle afflizioni che produrranno costanza nella nostra vita:

> **Giacomo 1:2** *Fratelli miei, considerate una grande gioia quando venite a trovarvi in prove svariate.*

Potremo gioire grandemente di fronte a "*prove svariate*" sapendo che metteranno alla prova la nostra fede e la prova della nostra fede produrrà costanza. Le "*prove svariate*" saranno diverse tipologie di tribolazioni che potremo attraversare in questo mondo attraverso le quali il Signore metterà alla prova la nostra fede. Questo potrà accadere ad esempio quando saremo confrontati con la diagnosi medica di una malattia, davanti a un incidente o al verdetto di una sentenza. A volte si tratterà di un semplice pensiero connesso con la realtà che ci ritroveremo a dover affrontare.

La costanza nascerà nel nostro cuore quando avremo fede ma affinché la nostra fede si possa manifestare, a prescindere dal livello che avremo raggiunto, dovremo attraversare una tra le tante "*prove svariate*". Durante questo processo non proveremo certamente gioia ma razionalmente potremo considerare questa condizione "*una grande gioia*", sapendo che al termine della prova avremo acquisito un livello più alto di fede che potrà essere messo alla prova. Infatti "le prove svariate" testeranno la nostra fede, qualcosa che dovremo necessariamente sviluppare, altrimenti non potremo ricevere nulla dal Signore poiché Dio risponderà sempre alla fede, non al bisogno dei suoi figli. Attraverso la nostra fede il Signore, dunque, supplirà splendidamente ad ogni nostro bisogno; per questo motivo non dovremo temere le prove ricordando le parole di Gesù:

> **Giovanni 16:33** *Vi ho detto queste cose, affinché abbiate pace in me. Nel mondo avrete tribolazione; ma fatevi coraggio, io ho vinto il mondo.*

Infatti, sappiamo che:

1 Giovanni 5:4 *Poiché tutto quello che è nato da Dio vince il mondo; e questa è la vittoria che ha vinto il mondo: la nostra fede.*

Così, quando ci troveremo di fronte a delle *"prove svariate"* potremo gioire, sapendo che potremo trarne gloria.

Filippesi 4:13 *Io posso ogni cosa in colui che mi fortifica.*

Queste parole racchiudono una straordinaria promessa di Dio che si adempirà quando la nostra fede sarà messa alla prova. Questo accadrà quando ci ritroveremo a dover improvvisamente affrontare una situazione difficile che sapremo di non poter superare razionalmente. Se agiremo con la giusta attitudine di fede potremo gioire grandemente, qualunque sia la prova svariata che dovremo affrontare, perché avremo la certezza biblica che potremo superare ogni cosa in Colui che ci fortifica.

La costanza sarà la chiave che ci permetterà di essere vincitori in qualunque avversità perché ci permetterà di resistere senza mai arrenderci. Non dovremo affannarci inutilmente pensando di dover ritornare sui nostri passi per poter uscire da situazioni difficili, né dovremo ricercare delle scorciatoie che potrebbero indurci a entrare in compromessi con le vie del mondo. Dovremo soltanto avere fiducia nella Parola di Dio che ci promette che qualunque prova affronteremo insieme a Lui produrrà costanza; quando avremo costanza saremo in *"nulla mancanti"* (Giacomo 1:4) e di conseguenza potremo affermare: *"posso ogni cosa"*.

1 Pietro 2:24 *Egli ha portato i nostri peccati nel suo corpo, sul legno della croce, affinché, morti al peccato, vivessimo per la giustizia, e mediante le sue lividure siete stati guariti.*

Questa potente promessa divina produrrà fede nel nostro cuore se crederemo senza dubitare.

3. La costanza della Chiesa di Cristo

a. Caratteristiche della Chiesa primitiva

Analizziamo insieme quali erano le caratteristiche principali della Chiesa primitiva, vale a dire subito dopo la morte e resurrezione di Gesù Cristo:

> **Atti 2:42-47** *Ed erano perseveranti nell'ascoltare l'insegnamento degli apostoli e nella comunione fraterna, nel rompere il pane e nelle preghiere. Ognuno era preso da timore; e molti prodigi e segni erano fatti dagli apostoli. Tutti quelli che credevano stavano insieme e avevano ogni cosa in comune; vendevano le proprietà e i beni e li distribuivano a tutti, secondo il bisogno di ciascuno. E ogni giorno andavano assidui e concordi al tempio, rompevano il pane nelle case e prendevano il loro cibo insieme, con gioia e semplicità di cuore, lodando Dio e godendo il favore di tutto il popolo. Il Signore aggiungeva al loro numero ogni giorno quelli che venivano salvati.*

La Chiesa di Dio era prospera e godeva del "*favore di tutto il popolo*". Inoltre, era costante "*nell'ascoltare l'insegnamento degli apostoli*", "*nel rompere il pane nelle preghiere*", vale a dire che c'era comunione fraterna tra i credenti. Queste erano le caratteristiche principali della Chiesa secondo il cuore di Dio e, ancora oggi, Dio desidera che le comunità dei credenti abbiano queste qualità. La Bibbia ci esorta a frequentare altri credenti, a pranzare insieme a loro, ad aprire le porte della nostra casa a Cristo per organizzare riunioni di preghiera e studi biblici insieme ad altri fratelli. Anche se qualcuno dovesse ferirci, la Bibbia ci esorta a sopportarci "*gli uni gli altri con amore, sforzandovi di conservare l'unità dello Spirito con il vincolo della pace*" (Efesini 4:2-3).

La Scrittura ci esorta alla costanza nel rompere il pane insieme ai fratelli, un gesto simbolico molto importante che simboleggia la necessità di imparare a morire a noi stessi, qualcosa da non confondere con la cena del Signore che si faceva nelle case in ricordo della morte di Cristo. Ogni volta che spezzeremo il pane, dichiareremo questa verità: *"non sono più io che vivo, ma Cristo vive in me!"* (Galati 2:20). Questo gesto fatto con costanza e piena consapevolezza ci permetterà di comprendere la volontà di Dio per la nostra vita.

b. Dio esalta la costanza della sua Chiesa

> **Apocalisse 2:2-3** *Io conosco le tue opere, la tua fatica, la tua costanza; so che non puoi sopportare i malvagi e hai messo alla prova quelli che si chiamano apostoli ma non lo sono e che li hai trovati bugiardi. So che hai costanza e hai sopportato molte cose per amore del mio nome e non ti sei stancato.*

Nel contesto specifico di questo brano Dio si riferiva a una delle sette chiese dell'Asia sottolineando di conoscere la costanza dei credenti appartenenti a quella chiesa che avevano fatto tante opere. Interessante osservare come Dio esaltasse quella comunità di credenti che aveva messo alla prova e smascherato le bugie di pseudo-apostoli che in realtà erano soltanto dei falsi profeti.

Sarà lecito, a questo punto, domandarsi come potremo riconoscere i veri apostoli dagli impostori. La Bibbia ci insegna che lo potremo fare analizzando il loro messaggio. Infatti, il compito degli apostoli sarà quello di porre il fondamento di Cristo nella vita dei credenti:

> **1 Corinzi 3:11** *Poiché nessuno può porre altro fondamento oltre a quello già posto, cioè Cristo Gesù.*

Naturalmente per poter trasmettere i principi basilari su cui edificare la vita cristiana, gli apostoli dovranno conoscerli e questo emergerà chiaramente dalla loro predicazione. Coloro che, pur dichiarando di essere apostoli, non conosceranno le sette pietre del fondamento, saranno soltanto degli impostori, non dei veri ministri del Signore:

> **Ebrei 6:1-2** *Perciò, lasciando l'insegnamento elementare intorno a Cristo, tendiamo a quello superiore e non stiamo a porre di nuovo il fondamento del ravvedimento dalle opere morte e della fede in Dio, della dottrina dei battesimi, dell'imposizione delle mani, della risurrezione dei morti e del giudizio eterno.*

A un'altra comunità di credenti Dio disse:

> **Apocalisse 2:19** *Io conosco le tue opere, il tuo amore, la tua fede, il tuo servizio, la tua costanza; so che le tue ultime opere sono più numerose delle prime.*

È meraviglioso sapere che le opere che compiremo alla fine del nostro percorso terreno saranno molto più numerose di quelle con cui avremo iniziato!

4. Dove applicare costanza

Per poter essere costanti dovremo essere disciplinati in tutto ciò che riguarda il Regno di Dio perché questo ci permetterà di avere successo in tutto ciò che faremo. Analizziamo nello specifico in cosa sarà fondamentale applicare la nostra costanza.

a. Nella tentazione

Anche la tentazione attraverso la carne potrà essere parte della prova che giungerà nella nostra vita. Basti pensare a ciò che accadde a Giuseppe quando fu provato attraverso una tentazione a motivo della moglie di Potifar, come possiamo leggere:

> **Genesi 39:7-20** *Dopo queste cose, la moglie del padrone di Giuseppe gli mise gli occhi addosso e gli disse: "Unisciti a me!" Ma egli rifiutò e disse alla moglie del suo padrone: "Ecco, il mio padrone non mi chiede conto di quanto è nella casa e mi ha affidato tutto quello che ha. In questa casa, egli stesso non è più grande di me e nulla mi ha vietato, se non te, perché sei sua moglie. Come dunque potrei fare questo gran male e peccare contro Dio?" Benché lei gliene parlasse ogni giorno, Giuseppe non acconsentì a unirsi né a stare con lei. Un giorno egli entrò in casa per fare il suo lavoro; lì non c'era nessuno della gente di casa; allora lei lo afferrò per la veste e gli disse: "Unisciti a me!" Ma egli le lasciò in mano la veste e fuggì. Quando lei vide che egli le aveva lasciato la veste in mano e che era fuggito, chiamò la gente di casa sua e disse: "Vedete, ci ha portato un Ebreo perché questi si prendesse gioco di noi; egli è venuto da me per unirsi a me, ma io ho gridato a gran voce. E com'egli ha udito che io alzavo la voce e gridavo, mi ha lasciato qui la sua veste ed è fuggito". E si tenne accanto la veste di lui finché il suo padrone non tornò a casa. Allora gli parlò in questa maniera: "Quel servo ebreo che hai condotto in casa è venuto da me per prendersi gioco di me. Ma appena io ho alzato la voce e ho gridato, egli mi ha lasciato qui la sua veste ed è fuggito". Quando il padrone di Giuseppe udì le parole di sua moglie che gli diceva: "Il tuo servo mi ha fatto questo!" si accese d'ira. Il padrone di Giuseppe lo prese e lo mise*

nella prigione, nel luogo dove si tenevano chiusi i carcerati del re. Egli era dunque là in quella prigione.

In quell'occasione l'uomo di Dio superò la prova scappando e quella prova sviluppò costanza nella sua vita. Sebbene il diavolo utilizzò quella circostanza per farlo finire in prigione, la mano di Dio che era su di lui lo aiutò e lo trasse fuori da quel luogo di dolore:

> **Genesi 39:21-23** *E il SIGNORE fu con Giuseppe, gli mostrò il suo favore e gli fece trovare grazia agli occhi del governatore della prigione. Così il governatore della prigione affidò alla sorveglianza di Giuseppe tutti i detenuti che erano nel carcere; e nulla si faceva senza di lui. Il governatore della prigione non rivedeva niente di quello che era affidato a lui, perché il SIGNORE era con lui, e il SIGNORE faceva prosperare tutto quello che egli intraprendeva.*

L'esempio di Giuseppe ci insegna chiaramente quanto sarà importante agire sapientemente con costanza in accordo con la volontà di Dio.

b. Nella persecuzione

> **2 Tessalonicesi 1:4** *In modo che noi stessi ci gloriamo di voi nelle chiese di Dio, a motivo della vostra costanza e fede in tutte le vostre persecuzioni e nelle afflizioni che sopportate.*

La chiesa di Tessalonica era un esempio di costanza per eccellenza tra tutte le altre chiese fondate dall'apostolo Paolo proprio perché quei credenti furono costanti, pur dovendo affrontare una grande tribolazione.

c. Nell'avversità

Coloro che avranno attraversato o dovessero vivere momenti difficili nel presente o in futuro non dovranno mai dimenticare che se decideranno di affrontare le avversità, essendo fondati e perseveranti nella Parola, potranno superare ogni attacco del nemico, ogni momento critico e doloroso. Affinché questo accada sarà fondamentale conoscere i principi spirituali racchiusi nella Parola di Dio. Ad esempio, nelle difficoltà economiche molti credenti dovranno riflettere su questa verità biblica:

> **Proverbi 11:24** *C'è chi offre liberalmente e diventa più ricco, e c'è chi risparmia più del giusto e non fa che impoverire.*

La povertà è certamente una forma di afflizione che tante persone potrebbero evitare se imparassero a dare generosamente. Tristemente tanti credenti sono convinti che sia necessario risparmiare, mentre la Bibbia ci mette in guardia dal pericolo di risparmiare "*più del giusto*" per non rischiare di impoverire. Naturalmente risparmiare sarà una lodevole abitudine ma senza eccedere perché altrimenti si rischierà di diventare sempre più poveri.

d. Nella preghiera

> **Colossesi 4:2** *Perseverate nella preghiera, vegliando in essa con rendimento di grazie.*

Non dovremo essere perseveranti soltanto nelle afflizioni, nei momenti di prova e di maggiore bisogno, ma anche nella preghiera.

> **2 Corinzi 6:4-5** *Ma in ogni cosa raccomandiamo noi stessi come servitori di Dio, con grande costanza nelle afflizioni,*

nelle necessità, nelle angustie, nelle percosse, nelle prigionie, nei tumulti, nelle fatiche, nelle veglie, nei digiuni.

Interessante osservare la necessità di essere costanti anche "*nelle veglie, nei digiuni*" come lo erano i servitori di Dio di quel tempo. In questo brano la Scrittura si rivolge principalmente ai ministri più che ai semplici credenti, sebbene essendo tutti sacerdoti dell'Eterno, anche noi dovremo perseverare "*nella preghiera, vegliando in essa con rendimento di grazie*". I servitori di Dio potranno dunque raccomandare sé stessi perché avranno "*grande costanza nelle afflizioni, nelle necessità, nelle angustie, nelle percosse, nelle prigionie, nei tumulti, nelle fatiche, nelle veglie, nei digiuni*". Ritroviamo il medesimo concetto nel seguente passo biblico:

Romani 12:12 *Siate allegri nella speranza, pazienti nella tribolazione, perseveranti nella preghiera.*

Questo concetto viene ripetuto più volte:

Efesini 6:18 *Pregate in ogni tempo, per mezzo dello Spirito, con ogni preghiera e supplica; vegliate a questo scopo con ogni perseveranza. Pregate per tutti i santi.*

Lo Spirito Santo per mezzo di Paolo ci ricorda l'importanza di essere costanti nella preghiera.

Luca 11:9-10 *Io altresì vi dico: chiedete con perseveranza, e vi sarà dato; cercate senza stancarvi, e troverete; bussate ripetutamente, e vi sarà aperto. Perché chiunque chiede riceve, chi cerca trova, e sarà aperto a chi bussa.*

Dovremo chiedere con perseveranza senza mai fermarci perché questa attitudine sarà espressione di una preghiera efficace.

Luca 18:1-8 *Propose loro ancora questa parabola per mostrare che dovevano pregare sempre e non stancarsi:*

"In una certa città vi era un giudice, che non temeva Dio e non aveva rispetto per nessuno; e in quella città vi era una vedova, la quale andava da lui e diceva: 'Rendimi giustizia sul mio avversario'. Egli per qualche tempo non volle farlo; ma poi disse fra sé: 'Benché io non tema Dio e non abbia rispetto per nessuno, pure, poiché questa vedova continua a importunarmi, le renderò giustizia, perché, venendo a insistere, non finisca per rompermi la testa'". Il Signore disse: "Ascoltate quel che dice il giudice ingiusto. Dio non renderà dunque giustizia ai suoi eletti che giorno e notte gridano a lui? Tarderà nei loro confronti? Io vi dico che renderà giustizia con prontezza. Ma quando il Figlio dell'uomo verrà, troverà la fede sulla terra?"

Questo brano spesso viene citato dagli evangelisti per insegnare ai figli di Dio l'importanza di essere costanti nella preghiera e ci insegna che dovremo imparare a pregare sempre senza stancarci. Infatti se un giudice iniquo, dunque una persona che non temeva Dio e non si curava affatto del suo prossimo, pur non essendo interessato al bisogno di una vedova di ottenere giustizia si piegò al suo volere a motivo della persistente richiesta di quella donna, quanto più Dio che desidera soltanto fare del bene ai suoi figli si prenderà cura dei nostri bisogni! Dovremo dunque imparare ad essere perseveranti come fece quella vedova, sapendo che, insistendo e sperando nonostante le difficoltà, riceveremo giustizia dalla mano di Dio grazie alla nostra costanza proprio come avvenne a quella donna con quel giudice iniquo. Dovremo insistere ed essere perseveranti nella preghiera fin quando non riceveremo dal Signore la risposta di cui avremo bisogno.

La preghiera sarà certamente più intensa quando dovremo affrontare prove difficili, soprattutto malattie, ma riconoscendo i benefici della costanza non dovremo aspettare di dover affrontare delle prove per decidere di dedicare il nostro tempo alla preghiera.

Pregare con costanza sarà molto importante perché ci permetterà di ascoltare la voce del Signore, il suo consiglio, il suo volere relativamente alle nostre necessità come accadde all'apostolo Paolo:

> **2 Corinzi 12:8-10** *Tre volte ho pregato il Signore perché l'allontanasse da me; ed egli mi ha detto: "La mia grazia ti basta, perché la mia potenza si dimostra perfetta nella debolezza". Perciò molto volentieri mi vanterò piuttosto delle mie debolezze, affinché la potenza di Cristo riposi su di me. Per questo mi compiaccio in debolezze, in ingiurie, in necessità, in persecuzioni, in angustie per amor di Cristo; perché quando sono debole, allora sono forte.*

In quell'occasione l'apostolo pregò tre volte e il Signore gli rispose: *"La mia grazia ti basta".*

Anche Gesù Cristo pregò per tre volte nel momento più difficile della sua vita:

> **Matteo 26:39-44** *E, andato un po' più avanti, si gettò con la faccia a terra, pregando, e dicendo: "Padre mio, se è possibile, passi oltre da me questo calice! Ma pure, non come voglio io, ma come tu vuoi". Poi tornò dai discepoli e li trovò addormentati. E disse a Pietro: "Così, non siete stati capaci di vegliare con me un'ora sola? Vegliate e pregate, affinché non cadiate in tentazione; lo spirito è pronto, ma la carne è debole". Di nuovo, per la seconda volta, andò e pregò, dicendo: "Padre mio, se non è possibile che questo calice passi oltre da me, senza che io lo beva, sia fatta la tua volontà". E, tornato, li trovò addormentati, perché i loro occhi erano appesantiti.*

Allora, lasciatili, andò di nuovo e pregò per la terza volta, ripetendo le medesime parole.

La risposta a quella preghiera arrivò attraverso un angelo che gli apparve "*dal cielo per rafforzarlo*" (Luca 22:43). La forza che Gesù ricevette dal cielo gli fece sopportare quella terribile prova grazie alla quale abbiamo ricevuto la salvezza:

Ebrei 12:2 *Per la gioia che gli era posta dinanzi egli sopportò la croce.*

Dio ci incoraggia a chiedere con perseveranza perché, essendo il nostro Padre Celeste, desidera trascorrere momenti di intimità con noi per ascoltarci anche se conosce perfettamente ogni nostro bisogno prima ancora che noi stessi ne siamo consapevoli. La preghiera non sarà importante per comunicare al Signore il nostro bisogno quanto piuttosto perché ci darà l'opportunità di ascoltare la Sua risposta, il Suo pensiero relativamente al nostro bisogno. Inoltre, nella misura in cui impareremo a pregare con costanza, permetteremo alla nostra fede di crescere e grazie alla fede potremo spostare qualunque montagna. Nella Parola del Signore troveremo la risposta ad ogni nostro problema perché produrrà in noi la fede che ci permetterà di abbattere qualunque ostacolo.

A volte il Signore ci darà qualcosa di diverso da ciò che avremo chiesto, ma comunque risponderà alla nostra richiesta e ci elargirà in abbondanza ciò di cui avremo davvero bisogno. Molti credenti vivono nella frustrazione perché si aspettano di ricevere soltanto ciò che chiedono ma non sono consapevoli di non sapere ciò di cui davvero hanno bisogno, mentre il Signore lo sa perfettamente. Dovremo pertanto scegliere di ricevere dal Signore ciò che sarà necessario e buono per la nostra vita confidando nella sua sapienza e imparando ad ascoltare ciò che ci dirà nella preghiera.

Se dovessimo pregare a lungo per una specifica situazione e nulla dovesse cambiare, dovremo riflettere molto attentamente perché questo ci permetterà di riconoscere il livello di costanza che avremo raggiunto nella preghiera. Dovremo riconoscere che molto probabilmente avremo pregato nel modo sbagliato o per qualcosa al di fuori della perfetta volontà di Dio.

e. Nella conoscenza della Parola

> **Giovanni 8:30-32** *Mentre egli parlava così, molti credettero in lui. Gesù allora disse a quei Giudei che avevano creduto in lui: "Se perseverate nella mia parola, siete veramente miei discepoli; conoscerete la verità e la verità vi farà liberi".*

Grazie alla disciplina costante nella preghiera e nella meditazione della Parola potremo diventare veri discepoli. Infatti, soltanto i discepoli, vale a dire coloro che persevereranno nella Parola di Dio, conosceranno la verità che li renderà liberi e questo accadrà perché comprenderanno la Parola. Se saremo costanti nella meditazione quotidiana della Parola il Signore ci aprirà la mente e ci permetterà di comprendere le Scritture. La Parola di Dio sarà l'unico cibo che ci potrà saziare, come ben sapeva il profeta Geremia quando affermò:

> **Geremia 15:16** *Appena ho trovato le tue parole, io le ho divorate; le tue parole sono state la mia gioia, la delizia del mio cuore, perché il tuo nome è invocato su di me, SIGNORE, Dio degli eserciti.*

Grazie alla conoscenza dei nostri diritti spirituali, sapremo chi sarà con noi, diventeremo veri discepoli e questo ci permetterà di conoscere la verità che ci renderà davvero liberi.

Tanti credenti oggi non sono liberi a motivo della mancanza della conoscenza della verità. Tristemente molti conoscono la verità di chi è Cristo ma, non essendo costanti nella meditazione della Parola, non hanno conoscenza personale di Gesù e di conseguenza non hanno rivelazione ma semplice conoscenza logica. Dovremo dunque impegnarci seriamente per acquisire conoscenza dei principi spirituali racchiusi nella Parola perché questo ci permetterà di camminare nella perfetta volontà di Dio.

f. Nel ricevere rivelazione

Sarà fondamentale applicarsi con costanza nella conoscenza della Sacra Scrittura per poterne ricevere rivelazione. Infatti, la rivelazione è parte della costanza. Per poter ricevere rivelazione dovremo innanzi tutto essere costantemente nella volontà di Dio.

> **1 Re 13:1-32** *Ed ecco, un uomo di Dio giunse da Giuda a Betel per ordine del SIGNORE, mentre Geroboamo stava presso l'altare per bruciare incenso; e per ordine del SIGNORE si mise a gridare contro l'altare e a dire: "Altare, altare! così dice il SIGNORE: 'Ecco, nascerà alla casa di Davide un figlio, di nome Giosia, il quale sacrificherà su di te i sacerdoti degli alti luoghi che su di te bruciano incenso, e si arderanno su di te ossa umane'". E quello stesso giorno diede un segno miracoloso dicendo: "Questo è il segno che il SIGNORE ha parlato: ecco, l'altare si spaccherà, e la cenere che vi è sopra si disperderà". Quando il re Geroboamo udì la parola che l'uomo di Dio aveva gridata contro l'altare di Betel, stese la mano dall'alto dell'altare, e disse: "Pigliatelo!" Ma la mano che Geroboamo aveva stesa contro di lui rimase paralizzata, e non poté più tirarla indietro; l'altare si spaccò; e la cenere che vi era sopra si disperse, secondo il segno che l'uomo di Dio aveva dato per ordine del SIGNORE. Allora il re si rivolse all'uomo di Dio, e gli disse: "Ti prego, implora la grazia del SIGNORE, del tuo Dio, e prega per me affinché mi sia resa la mano". E l'uomo di Dio implorò la grazia del SIGNORE,*

e il re riebbe la sua mano, che tornò com'era prima. Il re disse all'uomo di Dio: "Vieni con me a casa; ti ristorerai, e io ti farò un regalo". Ma l'uomo di Dio rispose al re: "Anche se tu mi dessi la metà della tua casa, io non entrerò da te, e non mangerò pane né berrò acqua in questo luogo; poiché questo è l'ordine che mi è stato dato dal SIGNORE: *'Tu non vi mangerai pane né berrai acqua, e non tornerai per la strada che avrai fatta all'andata'". Così egli se ne andò per un'altra strada, e non tornò per quella che aveva fatta, venendo a Betel. C'era un vecchio profeta che abitava a Betel; e uno dei suoi figli venne a raccontargli tutte le cose che l'uomo di Dio aveva fatte in quel giorno a Betel, e le parole che aveva dette al re. Quando il padre udì il suo racconto, disse ai suoi figli: "Per quale via se n'è andato?" Poiché i suoi figli avevano visto la via per la quale se n'era andato l'uomo di Dio venuto da Giuda. Egli disse ai suoi figli: "Sellatemi l'asino". Quelli gli sellarono l'asino; ed egli vi montò su, seguì l'uomo di Dio, e lo trovò seduto sotto il terebinto, e gli disse: "Sei tu l'uomo di Dio venuto da Giuda?" Egli rispose: "Sono io". Allora il vecchio profeta gli disse: "Vieni con me a casa mia a mangiare". Ma egli rispose: "Io non posso tornare indietro con te, né entrare in casa tua; e non mangerò pane né berrò acqua con te in questo luogo; poiché mi è stato detto, per ordine del* SIGNORE: *'In quel luogo tu non mangerai pane, né berrai acqua, e non tornerai per la strada che avrai fatta all'andata'". L'altro gli disse: "Anch'io sono profeta come te; e un angelo mi ha parlato per ordine del* SIGNORE, *dicendo: 'Riportalo con te in casa tua, perché mangi del pane e beva dell'acqua'". Egli mentiva. Così l'uomo di Dio tornò indietro con l'altro, e mangiò del pane e bevve dell'acqua in casa di lui. Mentre sedevano a tavola, la parola del* SIGNORE *fu rivolta al profeta che aveva fatto tornare indietro l'altro; ed egli gridò all'uomo di Dio che era venuto da Giuda: "Così parla il* SIGNORE: *'Poiché tu ti sei ribellato all'ordine del* SIGNORE, *e non hai osservato il comandamento che il* SIGNORE, *tuo Dio, t'aveva dato, 'e sei tornato indietro, e hai mangiato del pane e bevuto dell'acqua nel luogo del quale egli t'aveva detto: Non vi mangiare del pane e non vi bere dell'acqua, il tuo cadavere non entrerà nella tomba dei tuoi padri'". Quando l'uomo di Dio ebbe mangiato e bevuto, il vecchio profeta, che l'aveva fatto tornare indietro, gli sellò l'asino. L'uomo di Dio se ne andò, e un leone lo incontrò per strada, e l'uccise. Il suo cadavere rimase steso sulla strada; l'asino se ne stava presso di lui, e il leone pure presso il cadavere. Allora passarono degli uomini che videro il cadavere steso sulla strada e il leone che stava vicino al cadavere, e vennero a riferire ciò nella città dove abitava il vecchio profeta. Il profeta che aveva fatto tornare indietro l'uomo di Dio, udito ciò, disse: "È l'uomo di Dio, che è stato ribelle all'ordine del* SIGNORE; *perciò il* SIGNORE *l'ha dato in balìa di un leone, che l'ha sbranato e ucciso, secondo la parola che il* SIGNORE *gli aveva detta". Poi si rivolse ai suoi figli, e disse loro: "Sellatemi l'asino". E quelli glielo sellarono. Egli andò, trovò il cadavere steso sulla strada, e l'asino e il leone che stavano presso il cadavere; il leone non aveva divorato il cadavere né sbranato l'asino. Il profeta prese il cadavere dell'uomo di Dio, lo pose sull'asino, e lo portò indietro; e il vecchio profeta rientrò in città per piangerlo, e per dargli sepoltura. Depose il cadavere nella propria tomba; ed egli e i suoi figli lo piansero, dicendo: "Ahi, fratello mio!" E quando l'ebbe seppellito, il vecchio profeta disse ai suoi figli: "Quando sarò morto, seppellitemi nella tomba dov'è sepolto l'uomo di Dio; ponete le mie ossa accanto alle sue. Poiché la parola da lui gridata per ordine del* SIGNORE, *contro l'altare di Betel e contro tutti i santuari degli alti luoghi che sono nelle città di Samaria, si verificherà certamente".*

Possiamo osservare che quel vecchio profeta non aveva più rivelazione, anzi era diventato bugiardo perché aveva smesso di cercare il Signore con costanza. Questa storia ci fa comprendere quanto sia importante essere costanti nella ricerca di Dio. Infatti, questo esercizio produrrà integrità nella nostra vita di fede poiché permetterà a Cristo di essere formato dentro di noi. La costanza sarà dunque la chiave che ci permetterà, praticandola, di avere continue rivelazioni da parte di Dio. Inoltre, la rivelazione personale della Parola proteggerà la nostra vita e ci preserverà dalla morte. Pensiamo a ciò che accadde a quel giovane profeta che si lasciò convincere dalle parole del vecchio profeta e finì per perdere la propria vita per aver dato ascolto a un uomo piuttosto che fidarsi di ciò che il Signore gli aveva detto. Sarà molto pericoloso disprezzare la parola profetica quando la riceveremo, ecco perché dovremo riconoscerla e darle il giusto valore:

> **2 Pietro 1:19** *Abbiamo inoltre la parola profetica più salda: farete bene a prestarle attenzione, come a una lampada splendente in luogo oscuro, fino a quando spunti il giorno e la stella mattutina sorga nei vostri cuori.*

La Parola di Dio ci insegna chiaramente che quando riceveremo una parola profetica da parte del Signore dovremo agire incamminandoci subito nella direzione di fede che il Signore ci mostrerà per vivere in accordo con la promessa.

> **Isaia 54:1-3** *"Esulta, o sterile, tu che non partorivi! Da' in grida di gioia e rallègrati, tu che non provavi doglie di parto! Poiché i figli dell'abbandonata saranno più numerosi dei figli di colei che ha marito", dice il* SIGNORE. *"Allarga il luogo della tua tenda, si spieghino i teli della tua abitazione, senza risparmio; allunga i tuoi cordami, rafforza i tuoi picchetti! Poiché ti spanderai a destra e a sinistra; la tua discendenza possederà le nazioni e popolerà le città deserte".*

Interessante osservare che quell'annuncio fu fatto prima ancora che quella donna fosse incinta, non dopo aver partorito. La promessa sarà in viaggio verso di noi; potremo agire preparandoci a vivere coerentemente con ciò che giungerà nella nostra vita, ma se non ci muoveremo non potremo raggiungere le promesse che Dio manderà in un preciso tempo in un determinato luogo.

> **Proverbi 25:16** *Se trovi del miele, prendine quanto ti basta; perché, mangiandone troppo, tu non debba poi vomitarlo.*

Il miele rappresenta la rivelazione della Parola, qualcosa di meraviglioso che addolcirà la vita di coloro che la riceveranno, ma richiederà consacrazione e tempo da dedicare quotidianamente alla meditazione della Parola. Personalmente medito la Parola ore e ore per ricevere nuove rivelazioni e nutrirmi spiritualmente, ma riconosco la necessità per ogni credente di dover trovare anche il giusto equilibrio in quest'area specifica della conoscenza rivelata. Ricevere troppe rivelazioni potrebbe essere pericoloso, come possiamo osservare avvenne nella vita di Paolo:

> **2 Corinzi 12:7** *E perché io non avessi a insuperbire per l'eccellenza delle rivelazioni, mi è stata messa una spina nella carne, un angelo di Satana, per schiaffeggiarmi affinché io non insuperbisca.*

Numerose rivelazioni potrebbero facilmente farci insuperbire, infatti: "*La conoscenza gonfia, ma l'amore edifica*" (1 Corinzi 8:1). Le rivelazioni della Parola sono paragonate al miele:

> **Ezechiele 3:3** *Mi disse: "Figlio d'uomo, nutriti il ventre e riempiti le viscere di questo rotolo che ti do". Io lo mangiai, e in bocca mi fu dolce come del miele.*

Per poter comprendere l'importanza della conoscenza rivelata che proviene dalla Parola basterà pensare alla necessità per ogni cittadino di conoscere le leggi vigenti nel proprio paese. Infatti, studiando la legislatura di un paese una persona si potrà avvalere dei propri diritti, mentre se li ignorerà non potrà usufruirne in alcun modo. Analogamente accadrà con la Parola di Dio. Nella misura in cui la conosceremo potremo gustarne tutti i suoi benefici e conoscere i nostri diritti spirituali ci permetterà di vivere una vita certamente migliore.

g. Nell'applicazione della Parola

Nelle epistole di Giacomo troviamo l'esempio di una persona che, guardandosi nello specchio della Parola, si rifletteva e poi andando via dimenticava subito quanto aveva visto a motivo della sua incostanza:

> **Giacomo 1:25** *Ma chi guarda attentamente nella legge perfetta, cioè nella legge della libertà, e in essa persevera, non sarà un ascoltatore smemorato ma uno che la mette in pratica; egli sarà felice nel suo operare.*

La Bibbia ci incoraggia ad essere costanti non solo nella conoscenza, ma anche e soprattutto nell'applicazione di quanto avremo visto attraverso lo specchio della legge perfetta della libertà che è la Parola di Dio. Quando ci rifletteremo nella Parola e avremo la costanza di applicare concretamente in ogni occasione i principi spirituali che avremo compreso, essendo mossi dall'amore verso il Signore, guardandoci nello specchio della Parola riconosceremo di essere pienamente chi Dio dice che siamo, perché avremo messo in pratica la legge della libertà e saremo felici nel nostro operare. Se desidereremo mettere in pratica la Parola di Dio dovremo necessariamente perseverare nella legge della libertà che ci farà proclamare come fece Gesù: "*sta scritto ... sta scritto*" (vedi Luca 4:4-8). Coloro che invece saranno semplici ascoltatori ma non facitori della Parola, dimenticheranno subito ciò che la Parola dichiara.

h. Nel portare frutto

Dopo aver compreso come ottenere la costanza e aver considerato in quali aree della nostra vita dovremo indirizzarla, consideriamo la costanza relativamente al frutto che porterà nella vita di coloro che avranno ricevuto il seme della Parola nel buon terreno del proprio cuore:

> **Luca 8:5-15** *Il seminatore uscì a seminare la sua semenza; e, mentre seminava, una parte del seme cadde lungo la strada: fu calpestato e gli uccelli del cielo lo mangiarono. Un'altra cadde sulla roccia: appena fu germogliato seccò, perché non aveva umidità. Un'altra cadde in mezzo alle spine: le spine, crescendo insieme con esso, lo soffocarono. Un'altra parte cadde in un buon terreno: quando fu germogliato, produsse il cento per uno". Dicendo queste cose, esclamava: "Chi ha orecchi per udire oda!" I suoi discepoli gli domandarono che cosa volesse dire questa parabola. Ed egli disse: "A voi è dato di conoscere i misteri del regno di Dio; ma agli altri se ne parla in parabole, affinché vedendo non vedano, e udendo non comprendano. Or questo è il significato della parabola: il seme è la parola di Dio. Quelli lungo la strada sono coloro che ascoltano, ma poi viene il diavolo e porta via la parola dal loro cuore, affinché non credano e non siano salvati. Quelli sulla roccia sono coloro i quali, quando ascoltano la parola, la ricevono con gioia; ma costoro non hanno radice, credono per un certo tempo ma, quando viene la prova, si tirano indietro. Quello che è caduto tra le spine sono coloro che ascoltano, ma se ne vanno e restano soffocati dalle preoccupazioni, dalle ricchezze e dai piaceri della vita, e non arrivano a maturità.*

E quello che è caduto in un buon terreno sono coloro i quali, dopo aver udito la parola, la ritengono in un cuore onesto e buono, e portano frutto con perseveranza.

La Parola afferma che soltanto uno dei diversi quattro terreni che rappresentano il cuore dell'uomo produrrà frutto. Infatti, il primo terreno sarà quello di coloro che, ascoltando la Parola ma non comprendendola, la perderanno perché verrà il diavolo che porterà *"via la parola dal loro cuore, affinché non credano e non siano salvati"*. Satana sarà il ladro che ruberà la Parola dai cuori di coloro che non la comprenderanno. La seconda tipologia di terreno apparterrà a coloro che riceveranno la Parola con gioia; ma costoro non avendo radice, crederanno *"per un certo tempo"* ma davanti alla prova si tireranno indietro. Davanti alla persecuzione questi credenti si fermeranno e così non potranno portare frutto perché non avranno sviluppato costanza durante il loro percorso spirituale. Tristemente le afflizioni che tanti credenti affronteranno non produrranno costanza nelle loro vite e di conseguenza non permetteranno loro non solo di essere *"più che vincitori"* (Romani 8:37), ma anche di portare frutto: una doppia sconfitta e una vittoria per il nemico!

Se però saremo costanti nell'ascoltare la Parola di Dio e la custodiremo *"in un cuore onesto e buono"* porteremo *"frutto con perseveranza"*. Non si tratterà della raccolta di un singolo frutto ma di qualcosa che avverrà continuamente, ma affinché questo accada dovremo dedicare tempo alla comprensione della Parola che ci permetterà di essere attaccati alla vite e di conseguenza, in maniera dolce e leggera, ci permetterà di portare frutto.

Quando pregheremo il Signore ci risponderà in molteplici modi: a volte lo farà in maniera udibile, a volte ci trasmetterà un sentimento nel cuore, spesso ci farà ricordare un versetto, ma ricordiamo che l'attitudine di ascoltare costantemente la Parola di Dio mettendola in pratica ci permetterà di portare costantemente frutto.

Giacomo 5:7-12 *Siate dunque pazienti, fratelli, fino alla venuta del Signore. Osservate come l'agricoltore aspetta il frutto prezioso della terra pazientando, finché esso abbia ricevuto la pioggia della prima e dell'ultima stagione. Siate pazienti anche voi; fortificate i vostri cuori, perché la venuta del Signore è vicina. Fratelli, non lamentatevi gli uni degli altri, affinché non siate giudicati; ecco il giudice è alla porta. Prendete, fratelli, come modello di sopportazione e di pazienza, i profeti che hanno parlato nel nome del Signore. Ecco, noi definiamo felici quelli che hanno sofferto pazientemente. Avete udito parlare della costanza di Giobbe, e conoscete la sorte finale che gli riserbò il Signore, perché il Signore è pieno di compassione e misericordioso".*

Considerando attentamente l'esempio dell'agricoltore, dovremo seminare nella consapevolezza che spiritualmente il seme sarà la Parola di Dio che dovremo seminare nel nostro cuore. Dopo aver seminato dovremo innaffiare costantemente il seme con l'acqua dello Spirito che troveremo nella misura in cui trascorreremo tempo nella presenza di Dio. In seguito dovremo aspettare pazientemente il tempo in cui potremo raccogliere il frutto della nostra semina che produrrà una grande gioia nel nostro cuore. La costanza sarà dunque fondamentale anche nel portare frutto.

i. Nelle promesse

Per poter ricevere le promesse divine avremo bisogno innanzi tutto di crescere nella fede, infatti sappiamo che "*senza fede è impossibile piacergli*" (Ebrei 11:6) e che la fede è certezza di ciò che spereremo (vedi Ebrei 11:1). In quest'area molti credenti falliranno perché non avranno la certezza di agire nella volontà di Dio. Interessante osservare che la costanza, insieme alla fede, ci permetterà di ereditare le promesse:

Ebrei 6:11-12 *E desideriamo che ciascuno di voi mostri fino alla fine il medesimo zelo per giungere alla piena certezza della speranza, affinché non diventiate pigri, ma siate imitatori di coloro che mediante fede e pazienza ereditano le promesse.*

La Bibbia specifica chiaramente la necessità di dover adempiere la volontà di Dio per poter ottenere o raggiungere quanto ci è stato promesso:

Ebrei 10:36-38 *Avete infatti bisogno di perseveranza affinché, fatta la volontà di Dio, otteniate ciò che vi è stato promesso. "Ancora un brevissimo tempo, e colui che deve venire verrà e non tarderà. E il giusto vivrà per fede; ma se si tira indietro l'anima mia non lo gradisce".*

Questa è la vera sfida che molti credenti dovranno affrontare: riconoscere se saranno veramente nella volontà di Dio. Questo brano fa riferimento all'attesa del ritorno di Cristo ed esorta tutti noi credenti ad essere costanti *"affinché, fatta la volontà di Dio"* possiamo ottenere (raggiungere) – traduzione C.E.I. – quanto ci è stato promesso. Di conseguenza non dovremo arrenderci né scoraggiarci, ma dovremo continuare pazientemente a fidarci di Dio sapendo che poiché *"il giusto vivrà per fede; ma se si tira indietro l'anima mia non lo gradisce"*, la risposta certamente arriverà.

2 Corinzi 1:20 *Infatti tutte le promesse di Dio hanno il loro "sì" in lui; perciò pure per mezzo di lui noi pronunciamo l'Amen alla gloria di Dio.*

Avremo dunque bisogno sia di costanza che di azione sapendo di fare la volontà di Dio. Se il Signore ci dovesse far comprendere che non avremo agito nella sua volontà, saremo davvero disposti a cambiare il nostro modo di agire per compiacergli? Sarà importante porre a noi stessi questa domanda decidendo di lasciar andare le situazioni che non saranno nella volontà di Dio, perché altrimenti la nostra costanza sarebbe infruttuosa.

> **Matteo 7:21-23** *"Non chiunque mi dice: Signore, Signore! entrerà nel regno dei cieli, ma chi fa la volontà del Padre mio che è nei cieli. Molti mi diranno in quel giorno: 'Signore, Signore, non abbiamo noi profetizzato in nome tuo e in nome tuo cacciato demoni e fatto in nome tuo molte opere potenti?' Allora dichiarerò loro: 'Io non vi ho mai conosciuti; allontanatevi da me, malfattori!'"*

Quelle persone operavano manifestando la potenza che c'è nel nome di Gesù Cristo attraverso segni e prodigi, ma non erano nella volontà di Dio. Anche oggi, come allora, vi sono tanti ministeri certamente molto popolari nel mondo che manifestano miracoli, prodigi, profezie, opere potenti, liberazioni straordinarie da vedere, ma non essenziali dal punto di vista di Dio perché fuori dalla Sua volontà. Per questo motivo sarà molto importante perseverare sapendo di essere nella Sua volontà, perché questo ci permetterà di raggiungere le promesse. Ci sono credenti che non seminano nulla nel proprio cuore e si limitano a pregare il Signore chiedendo di avere una grande raccolta, ma la Bibbia ci insegna che questo non sarà sufficiente. Infatti, per poter ottenere dei risultati dovremo essere costanti con la Parola e aspettare pazientemente l'adempimento delle promesse nella certezza che Dio farà certamente quanto ci avrà promesso:

> **Numeri 23:19** *Dio non è un uomo, da poter mentire, né un figlio d'uomo, da doversi pentire. Quando ha detto una cosa non la farà? O quando ha parlato non manterrà la parola?*

Non dovremo aspettare che le promesse giungano nella nostra vita perché sarà nostro compito raggiungerle. Quando la Bibbia parla della speranza fa riferimento a una "gioiosa aspettativa" attiva, non passiva. La costanza ci insegnerà ad essere attivi nel Regno di Dio perché ci spingerà ad agire in base alle promesse di Dio. Dovremo aspettare ma allo stesso tempo ottenere le promesse. Queste due azioni apparentemente sembrano essere contraddittorie, ma in realtà non è così poiché l'attesa spirituale è un'aspettativa attiva, non passiva, né tantomeno cieca ma molto chiara! Dovremo dunque essere attivi nel raggiungere le promesse ricercandole attraverso la costanza. Ovviamente si tratterà di vedere l'adempimento delle promesse attraverso gli occhi della fede.

> **Ebrei 11:27** *Per fede abbandonò l'Egitto, senza temere la collera del re, perché rimase costante, come se vedesse colui che è invisibile.*

Mosè non era stato spaventato delle minacce del faraone a motivo della sua costanza: avendo ricevuto la promessa di Dio, aveva visto ciò che era invisibile agli occhi degli altri. Inoltre, poiché *"il SIGNORE parlava con Mosè faccia a faccia, come un uomo parla col proprio amico"* (Esodo 33:11) e viveva in una costante relazione di intimità con il Signore, poteva vedere spiritualmente tutto ciò che Dio gli diceva.

Analogamente anche Abramo guardando le stelle aveva potuto vedere le moltitudini di persone provenienti dalla sua discendenza. Così ogni volta che ebbe l'occasione di guardare le stelle riuscì a ricordare e visualizzare la promessa divina per la sua casa. Come Mosè e Abraamo anche noi dovremo ricevere le promesse divine e custodirle con cura nel nostro cuore, aspettando pazientemente il giorno in cui potremo vedere l'adempimento di qualcosa che inizialmente vedremo con gli occhi della fede.

> **2 Corinzi 5:7** *Poiché camminiamo per fede e non per visione.*

Quando la Bibbia parla di "visione", non si riferisce alle visioni che provengono dallo Spirito Santo bensì a quelle terrene che provengono dagli occhi naturali. Infatti, noi credenti cammineremo seguendo la luce prodotta dalla rivelazione della Parola di Dio (non in base a ciò che vedremo grazie ai nostri occhi fisici) e sarà la vista spirituale che ci permetterà di vedere ciò che Dio avrà preparato per noi prima ancora che si realizzi. Questa costanza nel vedere proverrà dalla fede.

5. Conseguenze della costanza

a. Essere in nulla mancanti

> **Giacomo 1:3-4** *Sapendo che la prova della vostra fede produce costanza* [perseveranza, pazienza]. *E la costanza compia pienamente l'opera sua in voi, perché siate perfetti e completi, di nulla mancanti.*

Questi versetti ci aiutano a comprendere chiaramente che se saremo mancanti in qualche cosa, questo accadrà a motivo della nostra mancanza di costanza.

Parafrasando questi versetti biblici iniziando dall'obiettivo principale, vale a dire la costanza che Dio desidera che sviluppiamo, potremmo riassumere tutto il discorso in questi termini: se desideriamo non essere in "*nulla mancanti*", ma completi e perfetti per permettere al Signore di compiere "*pienamente l'opera sua*" nelle nostre vite, dovremo necessariamente sviluppare costanza. Questo sarà il nostro compito nella piena convinzione che Dio completerà l'opera che avrà iniziato nella nostra vita:

> **Filippesi 1:6** *E ho questa fiducia: che colui che ha cominciato in voi un'opera buona, la condurrà a compimento fino al giorno di Cristo Gesù.*

Per essere in "*nulla mancanti*" avremo bisogno della costanza che produrrà in noi la fede; quando la nostra fede sarà messa alla prova produrrà in noi la costanza che ci renderà in "*nulla mancanti*". Così, quando ci ritroveremo ad attraversare momenti di afflizione, potremo imparare a gioire sapendo che le afflizioni produrranno in noi la costanza e che questa, a sua volta, ci permetterà di affrontare qualunque difficoltà insieme al Signore avendo fiducia nel Suo aiuto. Accadrà dunque che, nella misura in cui svilupperemo costanza, saremo in "*nulla mancanti*".

Dover affrontare Golia fu una delle tante prove svariate che anche Davide dovette affrontare affinché la sua fede, messa alla prova, potesse crescere permettendogli di sviluppare così la costanza necessaria che nel tempo gli avrebbe dato l'opportunità di diventare re. Da Davide possiamo imparare una grande lezione: potremo rallegrarci nelle afflizioni che dovremo affrontare nella nostra vita, sapendo che le afflizioni produrranno in noi la costanza che ci renderà in "*nulla mancanti*" come accadde a Davide.

b. Essere rapiti quando Gesù ritornerà

La Bibbia ci insegna che i credenti nati di nuovo non resteranno sulla terra dopo il rapimento grazie alla loro fede, ma soprattutto a motivo della pienezza dello Spirito Santo. Infatti, la Parola di Dio sarà la lampada che illuminerà il cammino della fede:

> **Salmi 119:105** *La tua parola è una lampada al mio piede e una luce sul mio sentiero.*

Tutti i credenti sono consapevoli che il Signore presto ritornerà ma, affinché coloro che in quel tempo vivranno sulla terra possano essere rapiti, dovranno essere ripieni di Spirito Santo. La Parola ci insegna che Enoc fu rapito per fede:

> **Ebrei 11:5** *Per fede Enoc fu rapito perché non vedesse la morte; e non fu più trovato, perché Dio lo aveva portato*

via; infatti, prima che fosse portato via, ebbe la testimonianza di essere stato gradito a Dio.

Possiamo dedurre che questo accadde perché Enoc, essendo profeta, sapeva riempirsi dello Spirito Santo.

Per poter essere rapiti e andare in cielo con Gesù non sarà sufficiente conoscere la Parola ed essere consapevoli che presto Gesù ritornerà. Infatti, poiché non ci è dato sapere quando quell'evento accadrà, dovremo vivere costantemente nella ricerca della pienezza dello Spirito perché in tal modo ci ritroveremo nella condizione giusta per essere rapiti. Per questo motivo il Signore ci esorta ad essere disciplinati nella ricerca del Suo volto. Impariamo dunque a mettere *"prima il regno e la giustizia di Dio"* (Matteo 6:33) dedicando tempo alla preghiera perché in tal modo potremo sperimentare quanto sarà grande la ricompensa che ne riceveremo, e non rischieremo di non essere rapiti se dovessimo essere sulla terra quando Gesù ritornerà.

c. Scampare alla grande tribolazione

Potremo constatare quanto sia importante la costanza in riferimento a una Chiesa di cui si parla nel libro dell'Apocalisse:

Apocalisse 3:10 *Siccome hai osservato la mia esortazione alla costanza, anch'io ti preserverò dall'ora della tentazione che sta per venire sul mondo intero, per mettere alla prova gli abitanti della terra.*

Il contesto di riferimento in cui questo versetto è inserito è quello relativo alla venuta dell'anticristo. La Scrittura ci insegna che la grande tribolazione non colpirà i figli di Dio ma soltanto coloro che vivranno nel mondo poiché lontani da Dio. Questo particolare ci fa comprendere che il rapimento avverrà prima o durante il tempo in cui si manifesterà l'anticristo. A prescindere da questo contesto specifico, desidero esortare tutti voi lettori a crescere nella costanza, perché questo vi permetterà di ricevere tanti benefici spirituali e in aggiunta vi farà raggiungere tanti traguardi con il Signore.

d. Non rinnegare Dio nella grande tribolazione

> **Apocalisse 13:9-10** *Se uno ha orecchi, ascolti. Se uno deve andare in prigionia, andrà in prigionia; se uno dev'essere ucciso con la spada, bisogna che sia ucciso con la spada. Qui sta la costanza e la fede dei santi.*

Questo passo si riferisce alla costanza e alla fede dei santi nel periodo della grande tribolazione, coloro che prima del rapimento non saranno stati perseveranti nelle cose spirituali. Infatti, se costoro acquisiranno costanza prima della manifestazione dell'anticristo, non rimarranno sulla terra per dover affrontare una prova preparata per quelli del mondo, non certamente per i figli di Dio. Dio a chi avrà la costanza necessaria per affrontare con successo quel momento di grande tribolazione. Sarà dunque fondamentale esercitare la costanza nel tempo della tribolazione. A tal riguardo possiamo leggere:

> **Apocalisse 14:11-12** *Il fumo del loro tormento sale nei secoli dei secoli. Chiunque adora la bestia e la sua immagine e prende il marchio del suo nome, non ha riposo né giorno e né notte. Qui è la costanza dei santi che osservano i comandamenti di Dio e la fede in Gesù.*

Interessante osservare che per la seconda volta la Bibbia introduce il concetto della "*costanza dei santi*". Poiché sappiamo che ogni parola del Signore sarà "*confermata per bocca di due o tre testimoni*" (Matteo 18:16), questo pensiero ripetuto sarò una chiara indicazione di un evento decretato da Dio che certamente accadrà, come possiamo dedurre dal seguente brano:

Genesi 41:32 *Il fatto che il sogno si sia ripetuto due volte al faraone vuol dire che la cosa è decretata da Dio e che Dio l'eseguirà presto.*

In quella occasione Giuseppe aveva spiegato al faraone il significato del sogno che questi aveva fatto sottolineando che, poiché si era ripetuto due volte, si sarebbe certamente adempiuto essendo stato decretato da Dio.

In modo analogo possiamo dedurre che "*la costanza dei santi*" di cui parla il libro dell'Apocalisse sia un principio biblico basato sulla persistenza dei credenti che non si arrenderanno mai, e di conseguenza si rifiuteranno di accettare qualunque forma di compromesso relativamente ai decreti e alle leggi che negli ultimi tempi saranno imposte per ordine dell'anticristo. Nello specifico, la costanza che i credenti manifesteranno dopo il rapimento produrrà questi risultati:

- non accetteranno il marchio dell'anticristo;
- non adoreranno l'anticristo, né la sua immagine.

e. Regnare con il Signore

Avendo compreso che il Signore utilizzerà le afflizioni per farci crescere spiritualmente, potremo affrontare nel modo giusto qualunque difficoltà nella consapevolezza che produrrà costanza. Questa sarà la chiave vincente che non solo ci permetterà di aprire la porta ad ogni benedizione divina nella nostra vita, così da poter essere in "*nulla mancanti*" sulla terra, ma ci farà anche regnare con Gesù Cristo quando ritornerà:

Luca 22:28-29 *Or voi siete quelli che avete perseverato con me nelle mie prove; e io dispongo che vi sia dato un regno, come il Padre mio ha disposto che fosse dato a me.*

Questi versetti si riferiscono chiaramente al popolo ebreo, ma possiamo applicarli anche alla nostra vita di credenti post-testamentari. Infatti, il Signore ha stabilito che sarà dato un regno a tutti coloro che avranno perseverato, dunque a tutti coloro che avranno avuto costanza in Cristo.

> **2 Timoteo 2:11-12** *Certa è quest'affermazione: se siamo morti con lui, con lui anche vivremo; se abbiamo costanza, con lui anche regneremo.*

Sappiamo che Dio *"ha fatto di noi un regno e dei sacerdoti"* (Apocalisse 1:6), assegnando ad ognuno di noi una sfera di azione all'interno della quale potremo esercitare il suo dominio, ma regneremo anche nel millennio insieme a Cristo quando ritornerà sulla terra e la nostra costanza sarà lo strumento fondamentale prestabilito da Dio che ci permetterà di farlo.

Queste meditazioni ci aiuteranno a guardare la nostra vita dalla giusta prospettiva, quella spirituale, e ci permetteranno di riconoscere l'importanza della costanza, una delle credenziali fondamentali grazie alla quale potremo regnare in eterno, qualcosa di glorioso e più grande di qualunque *"momentanea, leggera afflizione"* (2 Corinzi 4:17) che potremo affrontare nel corso della nostra esistenza terrena.

6. Esempi di costanza nella Bibbia

a. La costanza di Dio per la salvezza

Dio conosce bene cos'è la costanza essendo Lui stesso espressione di questa qualità, infatti la Bibbia dichiara:

Giacomo 1:17 *Ogni cosa buona e ogni dono perfetto vengono dall'alto e discendono dal Padre degli astri luminosi presso il quale non c'è variazione né ombra di mutamento.*

2 Pietro 3:9 *Il Signore non ritarda l'adempimento della sua promessa, come pretendono alcuni; ma è paziente verso di voi, non volendo che qualcuno perisca, ma che tutti giungano al ravvedimento.*

A motivo dell'urgenza dell'imminente ritorno del Signore Paolo consigliava ad alcuni di non sposarsi:

1 Corinzi 7:7-8,25-27 *Io vorrei che tutti gli uomini fossero come sono io; ma ciascuno ha il suo proprio dono da Dio; l'uno in un modo, l'altro in un altro. Ai celibi e alle vedove, però, dico che è bene per loro che se ne stiano come sto anch'io.... Quanto alle vergini, non ho comandamento dal Signore; ma do il mio parere, come uno che ha ricevuto dal Signore la grazia di essere fedele. Io penso dunque che, a motivo della pesante situazione, sia bene per loro restare come sono; poiché per l'uomo è bene di starsene così. Sei legato a una moglie? Non cercare di sciogliertene. Non sei legato a una moglie? Non cercare moglie.*

Paolo scrisse le sue lettere più di duemila anni fa quando sembrava che il momento del ritorno di Gesù fosse imminente e per quel motivo suggeriva di non sposarsi. Qualcuno potrebbe pensare di non riuscire a vedere l'adempimento di tutte le promesse divine nella propria vita, ma questo dipenderà dal tipo di promessa specifica. Ad ogni modo nella ricerca del Signore potremo comprendere ogni cosa: *"quelli che cercano il SIGNORE comprendono ogni cosa"* (Proverbi 28:5).

Nello specifico, quando l'apostolo dichiarò: *"Il Signore non ritarda l'adempimento della sua promessa, come pretendono alcuni*" stava parlando del ritorno del Signore ma potremo applicare questo principio a qualunque promessa divina poiché sappiamo che Dio "*è paziente verso di voi non volendo che qualcuno perisca ma che tutti giungano al ravvedimento*". Questo vuol dire che se una promessa che avremo ricevuto dal Signore non si sarà ancora adempiuta, analogamente alla promessa relativa al ritorno di Cristo, questo accadrà perché tante persone dovranno ancora essere salvate. Infatti, Gesù si è sacrificato sulla croce non solo per dare la salvezza eterna a noi ma anche a tante altre persone che ancora non Lo conoscono. Nella sua immensa pazienza Dio sta ritardando l'adempimento della promessa del suo ritorno che avverrà a suo tempo (essendo l'80% delle promesse bibliche già state adempiute) per permettere a tante altre persone di essere salvate. Applicando questo principio a qualche promessa personale non ancora raggiunta, potremo dedurre che in modo analogo a quanto visto per il ritorno di Gesù, si tratterà di una promessa che il Signore sta ritardando ma che certamente riceveremo.

Spesso accadrà che durante una gara gli atleti avvertiranno stanchezza non all'inizio, ma quando si avvicinerà la fine della competizione. Qualcosa di analogo accadrà anche a livello spirituale: all'inizio tutti correremo con entusiasmo e forza ma quando la fine si avvicinerà, la stanchezza si farà sentire. Tristemente molti credenti si arrenderanno quando avranno quasi raggiunto la meta. Voglio incoraggiare tutti coloro che leggendo queste pagine si dovessero identificare in questa condizione affinché continuino a resistere senza scoraggiarsi perché il loro traguardo è vicino e presto potranno raggiungerlo. Sarà importante continuare a correre la gara, nonostante la fatica, nella consapevolezza che Dio avrà preparato per ognuno di noi qualcosa di grande e glorioso.

Apocalisse 13:8 *Lo adoreranno tutti gli abitanti della terra i cui nomi non sono scritti fin dalla fondazione del mondo nel libro della vita dell'Agnello e che è stato immolato.*

Questo versetto si riferisce all'anticristo; ovviamente non avverrà casualmente che i nomi di alcuni non saranno *"scritti fin dalla fondazione del mondo nel libro della vita dell'Agnello"*. Nella sua onniscienza, il Signore già sapeva, sin dall'inizio della creazione, i nomi di coloro che sarebbero stati *"eletti secondo la prescienza di Dio Padre, mediante la santificazione dello Spirito, a ubbidire e a essere cosparsi del sangue di Gesù Cristo"* (1 Pietro 1:2) avendo accettato di ricevere il sacrificio di Cristo per poter essere salvati. Infatti, possiamo constatare che Gesù era pienamente consapevole del tradimento di Giuda non solo nel Nuovo, ma già nell'Antico Testamento troviamo tanti riferimenti al tradimento del suo discepolo, perché era parte del piano divino della salvezza.

Sarà molto importante riconoscere che, avendo Cristo pagato per la salvezza dell'intera l'umanità, Dio non manderà nessuno all'inferno. Questa sarà soltanto la conseguenza della scelta personale di coloro che consapevolmente, decideranno di rifiutare il sacrificio di Gesù sulla croce restando così nella condizione di separazione dal Signore acquisita con la nascita naturale in questo mondo. Dio ci ha dato il libero arbitrio; di conseguenza sarà soltanto nostra la decisione di andare in cielo o di continuare a vivere separati da Lui e trascorrere l'eternità all'inferno.

Potrebbe sembrare un'ingiustizia che tutti gli uomini nascano nella condizione di separazione da Dio, ma proprio per questo motivo Cristo, il Giusto, si è sacrificato al posto di tutti noi ingiusti, affinché chiunque possa ricevere la giustizia che proviene dalla fede: il dono della vita eterna. Tra coloro che andranno all'inferno non vi saranno dunque persone "cattive" che avranno compiuto azioni malvagi nel corso della propria vita terrena, ma tutti coloro che avranno disprezzato l'immenso amore di Dio manifestato sulla croce. Così le "brave persone" agli occhi del mondo andranno all'inferno insieme alle loro buone opere se avranno scelto di disprezzare, rifiutandolo, l'unico sacrificio perfetto: quello compiuto da Gesù sulla croce.

b. L'esempio di Abraamo

Nella misura in cui aspetteremo pazientemente l'adempimento della volontà di Dio rimanendo fermi nelle promesse, ricercando con costanza il volto di Dio e dedicando tempo alla preghiera, come fece Abraamo, potremo vedere la realizzazione delle promesse divine:

> **Genesi 15:5** *Poi lo condusse fuori e gli disse: "Guarda il cielo e conta le stelle se le puoi contare". E soggiunse: "Tale sarà la tua discendenza".*

Abraamo ricevette ciò che Dio gli aveva promesso perché fu costante, non si stancò, ma aspettò fedelmente l'adempiersi delle promesse e nello spirito vide la grande moltitudine della sua discendenza spirituale prima di riceverla.

> **Ebrei 6:13-15** *Quando Dio infatti fece la promessa ad Abrahamo, siccome non poteva giurare per nessuno maggiore, giurò per sé stesso, dicendo: "Certo, ti benedirò e ti moltiplicherò grandemente". E così, Abrahamo, avendo aspettato con pazienza, ottenne la promessa.*

c. L'esempio di Giobbe

L'esempio più significativo di costanza che la Bibbia ci invita a considerare è quello di Giobbe che ebbe così tanta pazienza nell'aspettare la risposta da parte di Dio che "*la sorte finale che gli riserbò il Signore*" (Giacomo 5:11) fu di ricevere in misura doppia ogni cosa che gli era stata sottratta dal diavolo:

> **Giobbe 42:10** *Quando Giobbe ebbe pregato per i suoi amici, il SIGNORE lo ristabilì nella condizione di prima e gli rese il doppio di tutto quello che già gli era appartenuto.*

Ricordiamo che Giobbe era già l'uomo più ricco di quel paese prima di affrontare svariate prove, ma il Signore lo arricchì ulteriormente in misura doppia a motivo della costanza con cui affrontò quei momenti difficili. Si pensa che Giobbe affrontò tutte le prove di cui parla la Bibbia soltanto per alcuni mesi. In tutto quel tempo Giobbe non si scoraggiò ma continuò a confidare nel Signore e infine vide la completa restaurazione della sua vita in ogni area in cui era stato attaccato da satana.

L'esperienza di Giobbe ci insegna che non dovremo pensare erroneamente di poter soltanto sopravvivere alle afflizioni. Dovremo essere consapevoli che quando le prove termineranno il Signore ci ricompenserà e ci farà recuperare in misura doppia tutto ciò che il diavolo ci avrà rubato. La cosa straordinaria sarà che questo accadrà all'improvviso, esattamente come avvenne con Giobbe. Il Signore è l'esperto restauratore che ci restituirà in un attimo tutto quello che avremo perso e lo farà in misura doppia come fece con il suo fedele servo Giobbe, l'esempio per eccellenza del frutto che potremo raccogliere se avremo pazienza.

d. L'esempio di Giuseppe

La costanza con cui affronteremo le tribolazioni permetterà a Dio di innalzarci dalla posizione in cui ci troveremo proprio come accadde a Giuseppe che in un momento fu liberato dalla prigionia e innalzato in dignità, al punto da divenire il secondo uomo più potente in Egitto dopo il faraone:

> **Genesi 41:38-44** *Il faraone disse ai suoi servitori: "Potremmo forse trovare un uomo pari a questo, in cui sia lo Spirito di Dio?" Così il faraone disse a Giuseppe: "Poiché Dio ti ha fatto conoscere tutto questo, non c'è nessuno che sia intelligente e savio quanto te. Tu avrai autorità su tutta la mia casa e tutto il popolo ubbidirà ai tuoi ordini; per il trono soltanto io sarò più grande di te".*

Il faraone disse ancora a Giuseppe: "Vedi, io ti do potere su tutto il paese d'Egitto". Poi il faraone si tolse l'anello dal dito e lo mise al dito di Giuseppe; lo fece vestire di abiti di lino fino e gli mise al collo una collana d'oro. Lo fece salire sul suo secondo carro e davanti a lui si gridava: "In ginocchio!". Così il faraone gli diede autorità su tutto il paese d'Egitto. Il faraone disse a Giuseppe: "Io sono il faraone! Ma senza tuo ordine, nessuno alzerà la mano o il piede in tutto il paese d'Egitto".

Quando Giuseppe si ritrovò in prigione, pur essendo innocente, e gli fu chiesto di interpretare i sogni che due uomini avevano fatto, si lasciò guidare dallo Spirito Santo e così diede loro la corretta interpretazione spirituale che conteneva il messaggio di Dio. Pensiamo soltanto per un momento cosa sarebbe successo se invece di agire in quel modo Giuseppe avesse deciso che non voleva essere disturbato perché si sentiva stanco e scoraggiato: certamente non sarebbe stato liberato e innalzato dal Signore come invece avvenne.

Analogamente potrà accadere anche a noi, essendo stanchi, di non ascoltare un pastore o una sorella che busseranno ripetutamente alla nostra porta. Se ci dovessimo fermare quasi al termine della gara, rischieremmo di perdere il meglio che il Signore avrà in serbo per noi. Per questo motivo non solo non dovremo mai arrenderci, ma non dovremo neanche sforzarci di cercare la via più breve, quella del compromesso che il mondo certamente ci offrirà. Dovremo semplicemente decidere di essere pazienti, aspettando con fiducia il tempo di Dio che certamente arriverà. Nell'attesa potremo ubbidire alla sua volontà incondizionatamente, senza protestare, perché sapremo che la risposta del Signore non tarderà, sarà molto vicina e potremo vederla con gli occhi della fede. Quando Dio ci innalzerà ci sorprenderà perché lo farà all'improvviso, ecco perché non dovremo mai arrenderci decidendo di andare dietro a cose sbagliate che ci indurrebbero a peccare e cadere nella trappola del diavolo. Non c'è nulla che Dio non possa restaurare con la nostra collaborazione. Dio è l'esperto riparatore di relazioni familiari distrutte che con il suo aiuto diventeranno incrollabili, ma per poter vedere la manifestazione della sua gloria nelle nostre difficoltà dovremo fidarci di Lui e avere pazienza, sapendo che in breve tempo potremo vedere il cambiamento tanto desiderato.

In questo momento mi viene in mente l'immagine di due minatori in una miniera. Mentre uno di loro, esausto, si fermerà e getterà via il piccone, il suo compagno deciderà di continuare a lavorare e sarà ripagato per la sua costanza perché troverà dei diamanti. Il suo amico invece, essendosi arreso, non avrà permesso al Signore di farlo uscire dalla sua condizione di povertà.

Impariamo a leggere la fatica in modo nuovo: proprio quando avvertiremo di non farcela saremo soltanto più vicini che mai al traguardo! Fortifichiamo dunque noi stessi nel Signore decidendo di essere disciplinati e costanti nella preghiera e nella Parola sapendo che presto vedremo la mano di Dio agire sulla nostra vita, perché Dio farà ciò che ci avrà promesso. Posso confermarvi per esperienza la validità di questo principio spirituale e vi assicuro che se non saremo disposti ad andare fino in fondo con il Signore rischieremo di non vedere nulla.

e. L'esempio di Paolo

> **Atti 14:21-22** *E, dopo aver evangelizzato quella città e fatto molti discepoli, se ne tornarono a Listra, a Iconio e ad Antiochia, fortificando gli animi dei discepoli ed esortandoli a perseverare nella fede, dicendo loro che dobbiamo entrare nel regno di Dio attraverso molte tribolazioni.*

Attraverso questi versetti la Parola ci esorta ad essere perseveranti nella fede. Ricordiamo che il contesto di riferimento è quello del Regno di Dio, non della salvezza.

Si pensa che Paolo viaggiasse con un gruppo di circa 16 persone. Alcuni di loro erano stati scelti come responsabili (o diaconi), altri erano anziani (chiamati anche vescovi). L'apostolo dedicava generalmente un anno o due alla formazione dei credenti in una città e poi continuava a viaggiare andando in altri luoghi. Come possiamo constatare dalle sue epistole, in seguito poi ritornava nei luoghi in cui aveva fondato delle chiese per fortificare i fratelli e le nuove anime che nel tempo si erano aggiunte a quelle comunità di credenti. Questo era particolarmente importante poiché, come sappiamo, a quei tempi i credenti non avevano a loro disposizione la Parola come invece abbiamo noi oggi. Inoltre in quei tempi era in atto una vera e propria persecuzione dei cristiani, mentre oggi abbiamo la libertà e il privilegio di poter condividere il Vangelo con tante persone. Paolo dunque li esortava a perseverare nella fede.

Anche noi come Paolo avremo bisogno di costanza nella fede, sapendo che la fede è certezza di ciò che speriamo, affinché le realtà che non si vedono si possano manifestare. Quanto più saremo costanti nella certezza, tanto più potremo vedere quello che c'è ma non si scorge. Dovremo vedere ogni promessa di Dio attraverso gli occhi della fede e dovremo agire con fermezza e costanza fin quando le promesse si manifesteranno e diventeranno una meravigliosa e gloriosa realtà.

7. I benefici della costanza

a. Nella grazia

Romani 5:1-2 *Giustificati dunque per fede, abbiamo pace con Dio per mezzo di Gesù Cristo, nostro Signore, mediante il quale abbiamo anche avuto, per la fede,* *l'accesso a questa grazia nella quale stiamo fermi; e ci gloriamo nella speranza della gloria di Dio.*

Interessante osservare che la Bibbia dichiara chiaramente che abbiamo avuto *"l'accesso a questa grazia nella quale stiamo fermi"* per mezzo della fede. Poiché viviamo nel tempo della grazia, dovremo comprendere questo importante principio spirituale per permettere al Signore di operare efficacemente nella nostra vita attraverso la sua Parola.

Vivere sotto la grazia non vuol dire poter vivere indisturbati nel peccato. Tra le definizioni della parola grazia troviamo le seguenti:

- la capacità di Dio per fare (vedi 2 Corinzi 9:8),
- il bene non meritato che Dio dona a chiunque riceve per fede Gesù nel proprio cuore (vedi Efesini 2:8)

In virtù della grazia la Bibbia ci insegna che *"non c'è dunque più nessuna condanna per quelli che sono in Cristo Gesù"* (Romani 8:1). Analogamente la misericordia di Dio (vale a dire il castigo che meritavamo che ci è stato tolto) è stata elargita su tutti i credenti nati di nuovo. Non potremo ricevere la grazia di Dio in virtù delle nostre opere ma soltanto per fede, perché si tratta di un bene prezioso che nessuno merita ma che Dio concederà in base alla fede personale che ogni credente avrà nel sacrificio di Gesù Cristo.

La grazia si attiverà per la prima volta nella vita di ogni credente che avrà ricevuto Gesù Cristo nel proprio cuore avendo confessato di credere (dunque senza aver fatto nessuna opera) nel sacrificio perfetto compiuto da Cristo sulla croce per la sua salvezza. Ricevendo la grazia ogni credente potrà sperimentare la nuova nascita e avrà la certezza di andare in cielo quando un giorno lascerà questa terra, poiché avrà la certezza che il proprio nome sarà scritto nel libro della vita.

Atti 13:43 *Dopo che la riunione si fu sciolta, molti Giudei e proseliti pii seguirono Paolo e Barnaba; i quali, parlando loro, li convincevano a perseverare nella grazia di Dio.*

In quel caso Paolo non stava esortando quegli uomini a perseverare nella fede, bensì nella grazia. Per poter comprendere le motivazioni che avevano spinto l'apostolo a esortare quelle persone a perseverare nella grazia, mentre precedentemente aveva esortato altri credenti a perseverare nella fede, dovremo analizzare il contesto di riferimento in cui questo brano è inserito. Dal contesto possiamo evincere che "*dopo che la riunione si fu sciolta, molti Giudei e proseliti pii seguirono Paolo e Barnaba*". Questo ci fa comprendere che Paolo si era rivolto agli ebrei a cui era stato insegnato a vivere in base alla legge: ecco perché Paolo li stava istruendo innanzi tutto a perseverare nella grazia, perché quelle persone dovevano imparare a vivere nella grazia, non in base alla legge. Poiché quei giudei erano fondati sulla legge, Paolo aveva cercato di convincerli a perseverare nella grazia di Dio e per questo aveva predicato loro la Parola di Dio che sapeva avrebbe prodotto la fede attraverso la quale la Sua grazia si sarebbe manifestata.

La Parola ci insegna che la grazia viene attivata dalla fede (vedi Efesini 2:8), di conseguenza, se per grazia potremo camminare sulle acque, questo avverrà perché avremo avuto fede nella Parola di Dio. Tutti noi credenti nati di nuovo siamo entrati nella grazia perché abbiamo avuto fede nel messaggio del Vangelo. Pietro non camminò sulle acque per aver digiunato 40 giorni o per aver pregato intensamente, né per aver dato un'offerta per il Regno di Dio. Tutto ciò avvenne semplicemente per la grazia di Dio poiché Pietro aveva avuto fede nella Parola che Gesù gli aveva detto:

Matteo 14:29 *Egli disse: "Vieni!" E Pietro, sceso dalla barca, camminò sull'acqua e andò verso Gesù.*

La grazia di Dio era strettamente connessa con la fede nella Parola proclamata: "*Vieni!*". La grazia si attiverà dunque soltanto quando avremo fede. Di conseguenza senza fede non potremo vivere la grazia perché la fede sarà la porta che ci permetterà di entrare nella grazia. La grazia non potrà mai essere dissociata dalla fede. Affinché la grazia possa operare efficacemente nella nostra vita, dovremo avere fede nella Parola scritta per mezzo della quale potremo andare in cielo. La grazia opererà in modo analogo in ogni altra sfera della nostra vita. Per la grazia di Dio potremo spostare le montagne, ma avremo bisogno di un piccolo granello di fede per poterla attivare e questo non sarà assolutamente connesso con i nostri meriti umani.

b. Nel fare del bene

> **Romani 2:7** *Vita eterna a quelli che con perseveranza nel fare il bene cercano gloria, onore e immortalità.*

La Bibbia ci esorta a cercare *"gloria, onore e immortalità"*, ma questo cercare sarà direttamente connesso con il perseverare *"nel fare il bene"*. Infatti, quando persevereremo nel fare il bene, automaticamente ricercheremo la gloria, l'onore e immortalità. Inoltre, dovremo raggiungere il livello della maturità spirituale, infatti non potremo perseverare nel fare del bene senza sapere cos'è il bene:

> **Ebrei 5:14** *Ma il cibo solido è per gli adulti; per quelli, cioè, che per via dell'uso hanno le facoltà esercitate a discernere il bene e il male.*

"Il cibo solido", vale a dire la Parola di giustizia, *"è per gli adulti"*: coloro che hanno i sensi esercitati per mezzo della Parola di giustizia *"a discernere il bene e il male"*. All'inizio della creazione l'uomo aveva appreso il concetto del bene attraverso il Signore. Successivamente, a motivo del peccato adamitico, essendo l'uomo caduto nella condizione di separazione da Dio, iniziò a determinare il concetto del bene e del male attraverso i propri sensi fisici, in relazione a quanto gli era stato insegnato da

altri oppure in base al proprio pensiero relativamente a qualcosa che riteneva giusto o sbagliato.

> **Galati 6:9** *Non ci scoraggiamo di fare il bene; perché, se non ci stanchiamo, mieteremo a suo tempo.*

Quando saremo perseveranti nel fare del bene non solo cercheremo *"gloria, onore e immortalità"* da parte di Dio, ma se non ci stancheremo di fare del bene, se saremo perseveranti, la Bibbia dichiara che *"mieteremo a suo tempo"* per ogni azione di bene che avremo fatto. Ogni cosa buona che faremo sotto la guida del Signore ci farà ricevere una raccolta (sia materiale che spirituale) sulla terra, qualcosa di positivo che arricchirà la nostra esistenza. Potremo essere generosi con le persone bisognose senza stancarci nel farlo, sapendo che a suo tempo raccoglieremo in base a quanto avremo seminato. Ad esempio, se saremo perseveranti nel fare del bene aiutando le persone bisognose, potremo aspettarci una ricompensa da parte di Dio poiché la Bibbia dichiara: *"chi ha pietà del povero presta al SIGNORE, che gli contraccambierà l'opera buona"* (Proverbi 19:17). Tante altre saranno le benedizioni che potremo ricevere perseverando nel fare del bene, ad esempio, sostenendo i ministri. Non si tratterà soltanto di dare del denaro. Potremo offrire anche il nostro tempo per far visita a persone malate, sole, detenute. Il bene che faremo intorno a noi ci permetterà di raccogliere a suo tempo la ricompensa divina.

c. Nelle Sue opere

> **Apocalisse 2:26** *A chi vince e persevera nelle mie opere sino alla fine, darò potere sulle nazioni.*

Poiché la Parola dichiara: *"a chi vince"*, vale a dire a colui che arriverà fino in fondo perseverando nelle sue opere fino alla fine, il Signore darà *"potere sulle nazioni"*, dovremo chiederci come potremo riconoscere se faremo le sue opere. Sarà utile a tal riguardo annotare su un foglio tutto ciò che faremo per il Signore così da poter riconoscere nel nostro operare quali saranno le sue opere. Dovremo riconoscere che tipo di opere avremo fatto nella nostra vita e soprattutto quali opere di Dio avremo realizzato quotidianamente, settimanalmente, mensilmente e così via. Infatti il Signore ha predestinato delle opere per ciascuno di noi, ma se non decideremo di dedicargli tempo così da poter ascoltare la Sua voce, non potremo mai sapere quali saranno quelle opere; inoltre rischieremo di agire come fece Marta che cercò di fare delle opere presumendo che fossero quelle di Dio, mentre in realtà si trattava soltanto di cose infruttuose:

> **Luca 10:41-42** *Ma il Signore le rispose: "Marta, Marta, tu ti affanni e sei agitata per molte cose, ma una cosa sola è necessaria. Maria ha scelto la parte buona che non le sarà tolta".*

Tante sono le persone che si ritrovano a fare come Marta tante cose che Dio non ha mai chiesto loro di fare, azioni che non avranno alcuna ricompensa. Marta si era avvicinata al Signore lamentandosi: *"Signore, non ti importa che mia sorella mi abbia lasciata sola a servire? Dille dunque che mi aiuti"* (Luca 10:40). Non aveva scelto il modo migliore di avvicinarsi a Dio, ma il Signore le rispose cercando di correggere la sua impostazione mentale sbagliata. Tristemente Marta non cambiò il suo atteggiamento nel tempo, come fanno ancora oggi tanti credenti che non si fermano un attimo per mettersi in discussione davanti al Signore ma continuano caparbiamente a fare cose che Dio non ha mai chiesto loro di fare.

> **Salmi 2:8** *Chiedimi, io ti darò in eredità le nazioni e in possesso le estremità della terra.*

Satana tentò Gesù Cristo offrendogli *"in eredità le nazioni"* e la gloria se soltanto lo avesse adorato, ma Gesù lo allontanò rispondendo: "sta scritto…sta scritto…sta scritto".

Luca 4:5-8 *Il diavolo lo condusse in alto, gli mostrò in un attimo tutti i regni del mondo e gli disse: "Ti darò tutta questa potenza e la gloria di questi regni; perché essa mi è stata data, e la do a chi voglio. Se dunque tu ti prostri ad adorarmi, sarà tutta tua". Gesù gli rispose: "Sta scritto: 'Adora il Signore, il tuo Dio, e a lui solo rendi il tuo culto'".*

Gesù rispose allontanando satana dalla Sua vita perché sapeva di avere le promesse di Dio, ma per poterle raggiungere avrebbe doveva compiere le opere che Dio Padre gli aveva ordinato di fare. Anche noi, come Gesù, dovremo decidere di adempiere le opere del Padre ma per poterlo fare dovremo conoscerle, e non potremo sapere quali sono se non impareremo a stare costantemente alla presenza di Dio.

d. Nel servire Dio

Interessante osservare che quando serviremo Dio con perseveranza, vale a dire quando applicheremo la costanza nel servire il Signore, gli altri lo sapranno come possiamo osservare accadde nella vita del profeta Daniele:

Daniele 6:16 *Allora il re ordinò che Daniele fosse preso e gettato nella fossa dei leoni. E il re parlò a Daniele e gli disse: "Il tuo Dio, che tu servi con perseveranza, sarà lui a liberarti".*

In quella circostanza i satrapi, per invidia, si erano adoperati con l'intento di trovare qualcosa in cui Daniele fosse mancante in base alla legge vigente a quel tempo a Babilonia per distruggerlo ma, poiché non trovarono nulla da poter utilizzare contro di lui, istituirono un nuovo decreto e lo fecero firmare al re di Babilonia. In base a quel decreto reale, chiunque avesse adorato o pregato un'altra deità al di fuori del re sarebbe stato gettato vivo nella fossa dei leoni. Nonostante quell'ordine, Daniele continuò a pregare regolarmente come era solito fare, senza nascondersi, e questo fornì ai satrapi l'occasione di accusarlo davanti al re per aver violato le sue prescrizioni. Il re amava molto Daniele ma non riuscì a salvarlo dalle conseguenze di una legge che lui stesso aveva firmato e che dunque aveva l'obbligo di far rispettare. Tuttavia l'affermazione che il re Dario fece prima che Daniele fosse gettato nella fossa dei leoni fu molto interessante.

Il re aveva visto gli amici di Daniele uscire incolumi, e senza aver addosso neanche l'odore di fumo, dalla fornace di fuoco nella quale erano stati gettati per aver rifiutato di inginocchiarsi davanti all'idolo del re. Il ricordo di quell'esperienza, molto simile a quella che Daniele stava vivendo in quel momento, spinse quel re pagano a fare una sorta di proclamazione di fede, non una vera e propria proclamazione di fede. Infatti, Dario non conosceva Dio come possiamo evincere dalle parole che proclamò il giorno dopo davanti alla fossa dei leoni quando chiamò Daniele temendo che fosse morto:

> **Daniele 6:20** *Quando fu vicino alla fossa, chiamò Daniele con voce angosciata e gli disse: "Daniele, servo del Dio vivente! Il tuo Dio, che tu servi con perseveranza, ha potuto liberarti dai leoni?"*

Possiamo osservare una grande differenza tra questa affermazione e la precedente: *"Il tuo Dio, che tu servi con perseveranza, sarà lui a liberarti"*. Daniele era stato gettato nella fossa dei leoni e il re non aveva più saputo nulla di quanto gli fosse accaduto. Era andato a letto ma non era riuscito a dormire, probabilmente il nemico aveva lanciato tanti dardi infuocati nella sua mente che avevano prodotto un'angoscia così profonda nel suo cuore da farlo dubitare. Così, essendo angosciato per la sorte di Daniele, il giorno dopo, al mattino presto, il re si era recato davanti alla fossa dei leoni nella speranza che Dio fosse intervenuto in qualche modo a favore di Daniele come aveva fatto con i suoi amici.

Molto interessante osservare che il re aveva fatto quella proclamazione di fede perché aveva visto Daniele perseverare con costanza nelle cose di Dio.

e. Nella Sua bontà e severità

La Bibbia ci insegna che la bontà di Dio è grande e arriva fino ai cieli:

> **Salmi 108:4** *Perché la tua bontà giunge fino ai cieli e la tua fedeltà fino alle nuvole.*

Sarà molto importante comprendere la bontà di Dio anche verso noi gentili che non solo siamo entrati a far parte del popolo di Dio, ma addirittura abbiamo ricevuto migliori promesse fondate su un patto migliore, quello nel sangue di Gesù Cristo. Dovremo riconoscere che tutti noi credenti nati di nuovo, vivendo nel tempo della grazia, ci troviamo in una condizione migliore rispetto al popolo di Israele poiché abbiamo lo Spirito Santo che è venuto a dimorare nel nostro spirito, un privilegio che gli ebrei non hanno avuto. Ecco perché l'apostolo Paolo ci esorta a non dimenticare la bontà di Dio, ma a perseverare nel cammino di fede nella consapevolezza di essere diventati figli di Dio grazie alla sua bontà.

Similmente anche noi dovremo perseverare, vale a dire che dovremo avere costanza nel considerare non solo "la bontà" ma anche "la severità di Dio", (qualcosa che poche volte si predica) in riferimento al popolo di Israele che fu stroncato per non aver creduto in Gesù Cristo. Dio è buono ma anche severo poiché è anche un Dio di ira. Tutti noi avremo bisogno di ricevere non solo il Suo immenso amore e la Sua bontà, ma anche la Sua correzione. Per questo motivo dovremo impegnarci nel rinnovare la mente permettendo al Padre buono di correggerci sapendo che la correzione è espressione dell'amore:

Deuteronomio 8:5 *Riconosci dunque in cuor tuo che, come un uomo corregge suo figlio, così il SIGNORE, il tuo Dio, corregge te.*

Come un padre buono Dio desidera correggere i suoi figli. Infatti chi amerà i propri figli non permetterà loro di fare tutto ciò che desidereranno (questo procurerebbe loro soltanto tanti problemi), ma quando sarà necessario li correggerà con responsabilità e fermezza per il loro bene. Lasciar fare qualunque cosa ai propri figli sarebbe un comportamento genitoriale irresponsabile, poiché amare non equivale ad essere permissivi. Per questo motivo avremo bisogno di considerare la severità di Dio che è espressione del suo amore e della sua bontà verso tutti noi suoi figli. Ricordiamo che Dio è sempre protettivo, non proibitivo, in ciò che ci ordinerà di fare perché desidera soltanto aiutarci a vivere una vita felice, prospera e appagante. Affinché questo accada, dovremo perseverare nella sua bontà, altrimenti anche noi, come il popolo di Israele, saremo recisi, tagliati fuori.

8. Il pericolo della perseveranza nell'incredulità

Romani 11:20 *Bene: essi sono stati troncati per la loro incredulità e tu rimani stabile per la fede; non insuperbirti, ma temi.*

Queste parole erano rivolte agli ebrei che avevano rigettato Gesù Cristo, non avendolo riconosciuto come Salvatore e Messia, poiché aspettavano un secondo Mosè che credevano li avrebbe liberati da Cesare, l'imperatore romano. La libertà che Gesù aveva dato loro era molto più grande perché aveva liberato l'umanità intera dalla schiavitù del peccato. Così, avendo deciso di non credere in Gesù, gli ebrei furono troncati a motivo della loro incredulità. Questo atteggiamento errato dovrà essere per noi un monito e un'esortazione da parte del Signore a non perseverare nell'incredulità.

> **Romani 11:21-23** *Perché se Dio non ha risparmiato i rami naturali, non risparmierà neppure te. Considera dunque la bontà e la severità di Dio: la severità verso quelli che sono caduti; ma verso di te la bontà di Dio, purché tu perseveri nella tua bontà; altrimenti anche tu sarai reciso. Allo stesso modo anche quelli, se non perseverano nella loro incredulità, saranno innestati; perché Dio ha la potenza di innestarli di nuovo.*

Se non persevereremo nell'incredulità, Dio che è immensamente buono, ci innesterà nuovamente in Cristo, la vera vite.

9. Conclusione

Spero che questo studio vi abbia fatto comprendere quanto sia importante la costanza nelle cose spirituali. Se saremo costanti potremo riuscire in ogni cosa. Vi incoraggio a rileggere queste pagine fin quando i principi spirituali contenuti non diventino parte integrante della vostra vita. Imparate a nutrirvi della Parola mettendola in pratica in modo molto concreto. Esercitatevi nel trascrivere i passi biblici che più vi toccheranno sul vostro quaderno spirituale, affinché diventi una buona e sana abitudine nella vostra vita. In tal modo potrete comprendere il timore di Dio. Prego per tutti voi affinché la Parola di Dio vi spinga a vivere e praticare la costanza in ogni cosa, perché questo esercizio, nel tempo, vi permetterà di raggiungere tutte le Sue promesse.

www.ingramcontent.com/pod-product-compliance
Lightning Source LLC
LaVergne TN
LVHW052102160826
845678LV00015B/3320

9798846790544